BEI GRIN MACHT SICH IHR
WISSEN BEZAHLT

- Wir veröffentlichen Ihre Hausarbeit,
  Bachelor- und Masterarbeit

- Ihr eigenes eBook und Buch -
  weltweit in allen wichtigen Shops

- Verdienen Sie an jedem Verkauf

Jetzt bei www.GRIN.com hochladen
und kostenlos publizieren

Bibliografische Information der Deutschen Nationalbibliothek:

Die Deutsche Bibliothek verzeichnet diese Publikation in der Deutschen National-
bibliografie; detaillierte bibliografische Daten sind im Internet über http://dnb.d-
nb.de/ abrufbar.

Impressum:

Copyright © 2016 GRIN Verlag, Open Publishing GmbH
Druck und Bindung: Books on Demand GmbH, Norderstedt Germany
ISBN: 9783668259430

Dieses Buch bei GRIN:

http://www.grin.com/de/e-book/336143/kriegserfahrungen-waehrend-der-besat-
zung-polnische-und-chinesische-literatur

Weicheng Yu

Kriegserfahrungen während der Besatzung. Polnische und chinesische Literatur im Vergleich

Zofia Nałkowska „Medaliony" und Iris Chang „The rape of Nanking"

GRIN Verlag

GRIN - Your knowledge has value

Der GRIN Verlag publiziert seit 1998 wissenschaftliche Arbeiten von Studenten, Hochschullehrern und anderen Akademikern als eBook und gedrucktes Buch. Die Verlagswebsite www.grin.com ist die ideale Plattform zur Veröffentlichung von Hausarbeiten, Abschlussarbeiten, wissenschaftlichen Aufsätzen, Dissertationen und Fachbüchern.

Besuchen Sie uns im Internet:

http://www.grin.com/

http://www.facebook.com/grincom

http://www.twitter.com/grin_com

Yu, Weicheng

Johannes Gutenberg-Universität Mainz

Institut für Slavistik

Sommersemester 2016

Seminar: Die polnische Literatur und die Schoah (Polonistik)

Kriegserfahrungen während der Okkupationszeit - ein Vergleich in Bezug auf polnische und chinesische Literatur

Der Autor der vorliegenden Arbeit ist kein Deutsch-Muttersprachler. Bitte haben Sie Verständnis für grammatikalische Fehler und Uneinheitlichkeiten im Ausdruck.

Inhaltsverzeichnis

1. Einleitung

Der Kriegsausbruch begann in China zwei Jahre fr üher als der zweite Weltkrieg in Europa.[1] [2] Über Kriegserfahrungen erschienen viele Dokumentarliteraturen in China, das bekannteste Werk ist „ *the Rape of Nanking - the Forgotten Holocaust of World War II'* von *Iris Chang.* Die Debatte über Nanking Massaker ist bis heute noch ein sensibles Thema zwischen chinesischen, japanischen geschichtlichen sowie literarischen Forschungen.[3] Die chinesische Literatur über Kriegserfahrungen w ährend der japanischen Okkupationszeit (1937-1945) ist meistens Dokumentarliteratur, das andere fokussierte Thema in China lautet „Trostfrauen".[4][5] Dieses Thema ist in *Chang*s Werk auch zu erwähnen.[6] Da die chinesischen Dokumentarliteraturen über Kriegserfahrungen w ährend der japanischen Okkupationszeit meistens gr oße Kontroversen in der japanischen Gesellschaft hervorrufen, ist es in Japan verboten, solche Werke und assoziierte Filme zu ver öffentlichen oder vorzu führen. Die Auswahl der literarischen Gattung bei diesem Thema beschränkt sich daher in China nur auf die Dokumentarliteratur, da diese der st ärkste Beweis f ür japanischen Gewalt ätigkeit sowie Verbrechen während der Okkupationszeit in China sei.

Deutlich unterschiedlich schildert die polnische sowie europ äische Literatur das gleiche Thema in einer breiten Auswahl von Gattungen: Gedicht, Dokumentarliteratur, Roman usw. Die Viel fältigkeit der literarischen Gattungen erweitert den Horizont des Lesers, bietet ihm zugleich verschiedene Ansichten zu Kriegserfahrungen. Die Verschiedenheit zwischen polnischer und chinesischer Literatur zu diesem Thema liegt darin, dass die europ äische Gesellschaft seit langem die Kriegsverbrechen der Nazi-Herrschaft ausgehandelt hat, dar über hinaus gibt es keine Gegenwehr zu historischen Fakten.

Die Hauptfragen dieser Seminararbeit lauten: Wie sollte man *Chang*'s Werk bewerten? Welche Funktionen hat diese literarische Gattung in beiden Gesellschaften? Weshalb ist die chinesische

---

[1] Der zweite Sino-japanische Krieg begann am 07.07.1937 in der N ähe von Peking. Nach dem Makden-Zwischenfall am 18.09.1931 wurden die nördlichen Provinzen in China von Japan besetzt, aber dieser Zwischenfall z ählte nur zum regionalen Konflikt.
[2] Karolina (2006), S. 9-12.
[3] Das Detail über die Kontroverse wird in einem späteren Kapitel ausführlich geschildert.
[4] Da die meisten chinesischen Historiker sowie Professoren kein flie ßendes Englisch beherrschen, beschränken sich die meisten dadurch, dass sie ihre Veröffentlichungen ausschlie ßlich auf Chinesisch verfassen können.
[5] Herr Prof. Dr. Su Zhiliang ist der derzeitige Experte im Bereich „chinesische Trostfrauen während der japanischen Besatzungszeit in der Republik China". Er hat bereits 8 Monographien sowie 5 Artikel in Sammelbänden über das Thema veröffentlicht, leider sind keine davon auf Englisch verfasst. Der Titel heißt „A Brief Discussion of the Institution of "Comfort Women" Among Japanese Invading Armies in China". Zur Betonung sind alle seine chinesischen Monographien eigentlich Dokumentarliteraturen.
[6] Chang (1997), S.52 f.

Dokumentarliteratur über dieses Thema immer heikel gewesen? Als Beispiel wird das Werk von Nałkowskas „*Medaliony*" als Musterwerk zu *Chang's* Werk genommen.

Die vorliegende Seminararbeit konzentriert sich auf das Werk und gliedert sich in drei Teile. Im zweiten Kapitel wird auf den historischen Hintergrund während der Okkupationszeit in Polen sowie die polnische Staatslosigkeit während des Generalgouvernements und China eingegangen. Es wird ein visionäres politisches sowie geschichtliches Schaubild vorgestellt. Im dritten Kapitel wird auf das Werk von *Nałkowska* und ihre Erfahrungen während der Okkupationszeit in Warschau eingegangen. Im vierten Teil wird auf das Werk von *Chang* eingegangen, dazu wird die Abstammung von *Chang* und den Einfluss ihres Werks vorgestellt. Außerdem werden Ursprung und Zustand der Debatte über Nanking Massaker diskutiert. Dabei wird verglichen, wieso die in Krieg und Okkupation erlittenen Leiden sowie der Terror der Okkupationsmächte in Europa stärker etabliert und weniger umstritten ist als in China. Im fünften Kapitel wird zusammengefasst und eine Hypothese der Entwicklungsneigung der literarischen Gattungen über Kriegserfahrungen während des Zweiten Weltkriegs in China gestellt.

2. Historischer Hintergrund während der Okkupationszeit in Polen und China

2.1. Historischer Hintergrund Polens

Nach dem sogenannten „Überfall den Sender *Gleiwitz*" brach der Polenfeldzug am 01.09.1939 aus.[78] Das Ziel des Polenfeldzugs der nationalsozialistischen Politik war die Rückgewinnung der ehemaligen preußischen Gebiete und weiterer zu deren Eingliederung in das Großdeutsche Reich. [9] Wegen des vorher abgeschlossenen deutsch-sowjetischen Nichtangriffsvertrags (Hitler-Stalin-Pakt) sicherte dieser die Wiederzerlegung Polens nach 21-jähriger Unabhängigkeit.[1011] Um den Erwerb von „Lebensraum" in der Ukraine zur Ansiedlung von

---

[7] Alexander (2003), S.311.
[8] Wegen der militärischen Rückständigkeit war Polen nicht fit für einen modernen Krieg. Zwar erhielt Polen von England und Frankreich die Kriegserklärung gegen Nazideutschland, aber deren begrenzte Aktion von Saar-Offensive war hilflos für eine Unterstützung Polens. Am 17.09.1939 verließen die obersten Zivilen und militärischen Vertreter Polens und gingen nach Rumänien, gleichzeitig rückte die Rote Armee in Ostpolen ein. Am 06.10.1939 kapitulierte die letzte Armee Polens nach der Schlacht bei Kock.
[9] Ebd., S.312.
[10] Zarusky (2005), S.331, S.340.
[11] Das war das elende Schicksal des kleinen Staates auf dem politischen „Spiel" und Polen war eigentlich nur das erste Opfer des Pakts.

„germanischen" Bauern, sind die polnischen Eliten zu verhaften und dezimieren.[12][13] Der Erlass von Hitler „zur Festigung des deutschen Volkstums" am 07.10.1939 stellte die Voraussetzung für umfangreiche Umsiedlungsaktionen. [14][15] Der später entstandene Madagaskar-Plan dominierte den Diskurs in Nazideutschland, dieser assoziierte Bemühungen der polnischen Außenpolitik der 30er Jahre.[16][17] Die später entstandene Regierung „Generalgouvernement" (ab 08.07.1940) wurde von Hans Frank verwaltet.[18][19] Auf die Frage, ob die Juden zusammen mit Polen während der Besatzungszeit unterschiedlich behandelt worden sind, haben viele Forscher die Antwort, dass Nazideutschland alleinverantwortlich für die Ermordung der polnischen Juden ist.[20][21]

Wenn man auf die von der Sowjetunion besetzten Gebiete einen Rückblick wirft, wurden etwa fünf Millionen ethnische Polen ins Innere der Sowjetunion deportiert.[22] Tatsächlich waren die politischen und militärischen Ziele der deutschen und sowjetischen Seite bezüglich der Polen absolut identisch. Um in Polen „Ruhe und Ordnung herzustellen", veröffentlichten Nazideutschland und die Sowjetunion gemeinsam ein Kommunique, damit „die Bedingungen des neuen staatlichen Daseins" neu geregelt werden können. [23] Mit „Stavka-Befehl Nr. 042" erhielt die sowjetische Truppe am 17. November 1941 den Befehl zur Ausführung der „Siedlungspunkte", die polnischen Offiziere in Katyn systematisch zu vernichten. Nach dem Einmarsch von deutschen Truppen wurde das Katyn Massaker erst entdeckt, sodass die sowjetische Presse sofort das Verbrechen von Nazideutschland verwarf, aber Katyn lag noch 60 km hinter den deutschen Truppen vor dem Kriegsausbruch.[24]

---

[12] Alexander (2003), S.312.
[13] Als Beispiel nimmt man die Verhaftung der Professoren und wissenschaftliche Mitarbeiter der Universität Krakau am 06.11.1939.
[14] Laut Erlass sollte die Baltendeutschen, Deutsche aus dem Innern Polens, in die neu geschaffenen „Reichsgaue" Danzig- Westpreußen. Die Juden wurden erst in ein Vernichtungslager oder Ghetto transportiert, während die polnische Bevölkerung nach Zentralpolen deportiert wurde.
[15] Ebd.
[16] Friedrich (2009), S.34.
[17] Für polnische Juden, die auswandern sollten, musste in der französischen Kolonie ein Platz gefunden werden.
[18] Alexander (2003), S.313.
[19] Die Polen wurden als „slawische Untermenschen" betrachtet und das Land wurde ebenso von Nazideutschland ausgebeutet. Polen wurden auch zur Zwangsarbeit in der deutschen Rüstungsindustrie verpflichtet. Die Schulen und Universitäten wurden zwangsläufig von Naziherrschaft geschlossen. Die Polen waren nur als „Schutzangehörige" anzusehen.
[20] Pohl (1990), S.258.
[21] Der Ausgangspunkt fokussiert sich auf das Resultat der Judenverfolgung in Polen, dass dies in Polen geschah, ist nicht lediglich einem polnischen Antisemitismus, sondern dem großen deutschen Handlungsspielraum in dem gewaltigen Polen zuzuschreiben, während die Differenz der Nazideutschen gegenüber Juden und Polen vernachlässigt wurde.
[22] Alexander (2003), S.314.
[23] Slutsch (2000), S.227.
[24] Vgl. Hartmann, Zarusky (2000), S.667.

2.2 Historischer Hintergrund Chinas

Wie bereits in der Einleitung erwähnt, ist der chinesische historische Hintergrund während der Okkupationszeit in zwei Teile einzugliedern. Der erste Zeitraum ist als partielle Okkupation der nördlichen Provinzen vom Japanischen Kaiserreich (1931-1937) zu nennen. Nach dem Zwischenfall an der Marco-Polo-Brücke eskalierte der regionale Konflikt hin zu totalem Krieg zwischen Japan und China. Drei Wochen später besetzten die japanischen Truppen ohne größere Gegenwehr Peking und Tianjin. [25] Am 13.08.1937 brach „die Schlacht um Shanghai" aus, nach drei Monaten eroberte Japan unter großen Verlusten die wichtigste Hafenstadt in China.[26][27] Wenige Tage später ist die damalige Hauptstadt Nanking gefallen.[28] Nach der Eroberung begingen die japanischen Truppen ab 13.12.1937 dreiwöchige grausame Gewalttätigkeiten in Nanking (sog. Nanking Massaker). Nach der Schlacht von Wuhan (1938) eroberten die Japaner Wuhan wieder unter großen Verlust und es entwickelte sich eine militärische Gleichgewichtssituation.[29] Nach Ausbruch des Zweiten Weltkriegs trat China bei Alliierten ein und bekam daher militärische Unterstützung von den USA.[30] Am 15.08.1945 kapitulierte Japan endgültig bedingungslos.[31]

2.3 Vergleiche zu historischem Hintergrund in Polen und China

Wegen der großen territorialen Flächen konnte China trotz der militärischen und wirtschaftlichen Rückständigkeit im Vergleich zu einem modernen Japan den zweiten Sino-japanischen Krieg noch verteidigen und durchhalten. Zwar sind fast alle wichtige Hafenstädte sowie die Hauptstadt von Japanern erobert, infolge einiger deutschen, trainierten und

---

[25] Zum Detail der Debatten, wer die „Kernkraft" während des antijapanischen Kriegs ist (Kuomindang oder Kommunisten) wird nicht weiter eingegangen. Hier wird nur die allgemeine Übersicht zum Kriegsverlauf und politische Situation angegeben.

[26] M. Gordon (2006), S.146 f.

[27] Bei der Schlacht um Shanghai ist der Verlust von chinesischen Truppen auf 300,000 Toten und Verletzten einzuschätzen, während japanische Truppen lediglich 90,000 Tote und Verletzte sind. Nach Rückzug aus Shanghai zogen die chinesischen Truppen entlang der Shanghai-Nanking Eisenbahnlinie nach Nanking.

[28] Ebd., im November zog sich die Kuomindang Zentralregierung von der Hauptstadt Nanking nach Wuhan zurück, etwa 100,000 von der Schlacht um Shanghai zurückgezogenen chinesischen Truppen plus neu verpflichteten Soldaten verteidigten Nanking. Nach 4 Tagen schwerer Kämpfe verschwand der chinesische Schlachtkommandeur Tang Shengzhi, sodass die chinesischen Truppen ungeordnet von Nanking zurückgezogen sind und es zu großen Verlusten führte.

[29] Der zweite Sino-japanische Krieg würde deutlich länger von Japanern geplant, daher setzten die Japaner eine Marionettenregierung in Nanking in 1940 ein. Die chinesische Regierung stellte Chongqing als die neue und langfristige Hauptstadt vor.

[30] Die Unterstützung von US „Flying Tigers" Fighter Group.

[31] In China diskutieren die Forscher, ob der zweite Sino-japanische Krieg auf 14 Jahre (1931-1945) oder auf 8 Jahre (1937-1945) begrenzt werden soll. Im Allgemein kennen ihn die meisten Chinesen als „八年抗战" (Achtjähriger Antijapanischer Krieg).

bewaffneten Truppen vor dem Krieg [32] und späteren amerikanischen Unterstützung konnte China unter großen Verlusten den Krieg gewinnen. Darüber hinaus sollte man andeuten, dass die politische Situation von Koexistenz[33] in China verblieb, sodass man hier nur die „partielle Okkupation" nennt.

Eine Tragödie von kleinem Staat erlebte Polen die Staatlosigkeit wieder, aber noch bitterer als das erste Mal. Laut der Geopolitik (zwischen Nazideutschland und der Sowjetunion) war das Schicksal Polens vor dem Krieg schon klar, daher spricht man hier von einer „totalen Okkupation".

Die Gemeinsamkeiten liegen darin, dass die beiden Völker unter großen Verlusten litten. Laut den Angaben eines polnischen Berichts von 1947 liegt die Zahl der Toten bei 6,028 Millionen. Nach heutigem Forschungsstand soll die Zahl 5,65 Millionen betragen.[34] Die Totenzahl bei China während des Zweiten Weltkriegs liegt zwischen 15 und 20 Millionen.[35][36]

3. Zofia Nałkowska und Ihr Werk „*Medaliony*"

Als das Meisterstück der polnischen Holocaustliteratur gilt „*Medaliony*". Einige Forscher bezweifeln, dass Ausschwitz als Zentralthema durch Schulbücher und familialen Einfluss zur Ausbildung der polnischen nationalen Stereotypen und ein relativ festes Bild über „Deutsche" gelten sollte. Das Werk „*Medaliony*" ist vor der Schulreform vor 1999 immer als Pflichtlektüre für alle Schüler einzusetzen. Da Nałkowska Mitglied der polnischen Hauptkommission zur Untersuchung der Naziverbrechen in Ausschwitz war, schrieb sie nach der Besichtigung der KZs über ihre Erfahrungen als Zeitzeuge.[37][38]

---

[32] Siehe Link: http://www.feldgrau.com/articles.php?ID=11 Leider sind zu Ausbruch des Kriegs lediglich 6 chinesische Divisionen mit deutschen Waffen zu bewaffnen, die leisteten jedoch große Beiträge während der Schlacht um Shanghai.
[33] Mandschukuo (Marionettenregierung unter Puyi), Nanking Marionettenregierung unter Wang Jingwei, Kommunistische Regierung unter Mao Zedong in Yanan, Zentralregierung von Chiang Kai-Shek in Chongqing und üblich von Japan eroberten chinesischen Territorien.
[34] Rauschenberger (2011), Tagungsbericht.
[35] Ho (1952), S.252.
[36] Die Totenzahl bei China sollte deutlich höher legen, da vor 1939 noch etwa 10 bis 15 Millionen Zivilisten und Soldaten von japanischen Truppen ermordet worden waren. Die endgültige Opferzahl sollte ab 1931 bei 35 Millionen liegen.
[37] Neander, Szatko (2004), S.103.
[38] Der Autor meint, dass die polnischen Massenmedien heutzutage zwar in geringem Maße an nationaler Stereotype beteiligt sind, aber durch familiären Einfluss und Schulbildung sowie Schullektüre noch zu rezipieren und zu verarbeiten sind.

3.1 Zofia Nałkowska während der Okkupationszeit

Nach dem Kriegsausbruch blieb Zofia Nałkowska noch in Warschau, sie ver öffentlichte einen Artikel am 04.10.1939 in der Tageszeitung „*Dziennik*":

"W każdej wojnie ktoś zwycięża i ktoś przegrywa. Ale nie w każdej wojnie najlepsza wartość ludzka zostaje oddana na taką poniewierkę i hańbę- Daliśmy sobie wmówić, że dla dobra ojczyzny trzeba milczeć. Pozwoliliśmy na kultywowanie głupoty i frazesu, na kultywowanie niewiedzy i chronienie jej i strzeżenie niby skarbu. Ukrywano prawadziwy stan rzeczy, odgradzano ludzi dorosłych od rzeczywistości, lekceważono i tępiono tych, kt órzy myśleli inaczej. W czesach ostatnich i przedostatnich ileż wspaniałych i zwłaszcza ordynarnych słów padło, by ozdobić czy ukryć popełnione błędy polityczne.- Trudno było czytać gazety bez obrzydzenia, nie można było słuchać radia."

Von diesem Artikel geht man aus, dass die Autorin eigentlich ratlos mit dem Resultat des Kriegs war. Von Zensur ausgeübten Stress drückte sie die „optimistische" Meinung aus und stellte das daraus resultierende seelische Bedauern explizit dar. Militärische Rück ständigkeit führte dazu, dass die Autorin in den letzten Tagen des Polenfeldzugs immer schlechte Nachrichten h örte. Aber sie beharrte auf dem politischen Fehler, was von polnischen militärischen Oberführern gegen Nazideutschland vertan hatte. Die Rück ständigkeit der polnischen damaligen Situation bestimmte das Schicksal des kleinen Staates, zwar drückte die Autorin mit ihrer patriotischen Ansicht das wiederholend aus, aber das Schicksal konnte man eigentlich nichts mehr ändern.

Über ihre T ätigkeit während der Okkupationszeit fand man kaum Spuren, sodass in einigen Artikeln über ihren Lebenslauf w ährend dieses Zeitraum nur wenig erw ähnt wurde. Andere, die im besetzten Gebieten publizierten, bezeugten ihre Verzweiflung und nebenbei suchte sie nach einem neuen Prinzip, sodass sie eine gesellschaftliche Organisation und daraus resultierende moralische Systeme der gegen wätigen Welt ergründen konnte. Die Autorin kehrte w ährend der Okkupationszeit h äufiger an ihren Vaters Glaube zurück, dass nur revolutionäre Umwandlungen das Übel und Unrecht zur Versetzung und Beherrschung f ähig waren. Und solche Umwandlungen konnten die Welt von Krieg befreien.[39]

Während der Okkupationszeit wohnte Zofia Nałkowska in Warschau, verdiente durch Arbeit in einem Gesch äft Geld und beteiligte sich an einem geheimnisvollen literarischen Leben. Au ßerdem verkn üpfte sie sich auch mit der Bewegung von Linken w ährend der Okkupationszeit in Warschau. Ihre Wohnung befand sich in der Madaliński Straße, sie begegnete fortgeschrittenen Dichtern und diskutierte die implizierte Gestaltung der Nachkriegswelt und wiederlebende neue Literatur.[40]

---

[39] Ebd., S.34.
[40] Ebd.

3.2 Vertiefende Analysen zum Werk

In diesem Kapitel werden einige Ausschnitte des Werks ausgewählt und dazu analysiert. Das Werk besteht aus 8 Kurzgeschichten, in diesem Kapitel wird auf die feministischen Figuren eingegangen.

Als „Grüne Dwojra" stellte die Autorin zur Beschreibung die Umgebung der Wohnung sowie einigen leeren Räumen darin dar:

„Die Wände sind schmutzig, düster und stellenweise ohne Putz. Tief in der Ecke, hinter einer Tür, deren braune Farbe abgeblättert ist, beginnt ein dämmriger Flur. [...] „Als die Tür aufgeht, sieht man eine weiträumige, leere Wohnung. Da ist ein leerer düsterer Raum mit gescheuerten Fußboden, ein zweiter, ebenfalls aufgeräumter Raum mit einem niedrigen Bett an der Wand. Im dritten Ram stehen ein Tisch und zwei Stühle."[41]

Einige leere Räume konturierten einen vollkommen mittellosen Lebensstandard von einer Frau, der Ich-Erzähler beschrieb die erste Begegnung mit Eindruck „schwarze Augenbinde", „ich" trägt in diesem Sinne eher als einen Zuhörer. Die Ursache der elenden Geschichte stammte aus dem Verbrechen der Nazis in Polen, sodass ihre psychologische Stütze - ihr Mann - von Nazis umgebracht worden war. Die Unsicherheit drückte sie still aus:

„Jetzt lebe ich noch, aber wer weiß, was in einer Stunde sein wird."[42]

Aus Hungersnot wollte die kleine Frau weiter leben. Um weiter zu leben und Essen in Majdanek zu bekommen, erlitt sie einen Schlag von der SS-Scharführerin. Um zu leben, sprang sie aus dem Fenster und verlor ihre Augen bei einer Schießerei während einer plötzlichen Hausdurchsuchung. Dem Leser wird durch ihren Monolog auf dem Fluchtweg zum Leben mitgenommen.

Von „Wiese":

Diese Geschichte sei die kürzeste Geschichte aller acht Kurzgeschichten. Die „Ich-Erzähler" Perspektive geht von der Rede mit der anonymen Frau aus. Die Autorin entwarf ein fiktionales Gespräch mit einer Frau, da sie sich bei anderen Werken stark auf Feminismus ablenkte. Die Beschreibung von elendem Aussehen der Frau impliziert die Grausamkeit des Lagerlebens:

„Sie sitzt da, groß und ziemlich bleibt. Noch immer hat sie ihre Lagerkleidung an, grau mit blauen Streifen. Noch immer trägt sie ihr Haar kurzgeschoren wie die Männer und als Kopfbedeckung eine graue Mütze mit blauen Streifen." [43]

---

[41] Bereska (1956), S.45.
[42] Ebd., S.47.
[43] Ebd., S.71.

Die Frau verzichtet auf den Geldanspruch und unterstützt somit immer die Armen finanziell, obwohl sie selbst schon sehr elend in dem Lager lebte. Bei folgender Beschreibung legte die Autorin großen Wert auf das Aussehen der Frau, sodass die Leser einen allgemeinen Eindruck von einer charakterfesten Frau bekommen haben. Die Menschlichkeit zeigt sich durch das Gespräch mit „mir":

„Da hatte ich nämlich einmal mit einer Mariawitin in der Lagerküche Kartoffeln geschält. In einer Kartoffel fanden wir ein Mäusenest. Die Kartoffel war innen völlig ausgehöhlt, und die Mäuse saßen mitten darin. Drei kleine junge Mäuse, noch ganz nackt. Ein bisschen schmutzigrosa sahen sie aus. Die Mariawitin wollte sie der Katze geben. Aber ich ließ es nicht zu..."[44]

Die Zukunftslosigkeit und völliges Entsetzen gingen die Frau herum, sodass sie selbst über ihren Tod seit langem schon bewusst war:

„Ich hatte keine Angst. Ich wusste, dass ich sterben würde, darum hatte ich keine Angst."[45]

Die Wiese wurde als ein symbolisches Zeichen in Verbindung mit Tod markiert, wie die Autorin am Ende der Geschichte beschrieben hat:

„Am nächsten Tag war Aussortierung. Ich kam auf die Wiese, und die Wiese war leer."[46]

Diese Geschichte schilderte den kaum erwähnten feministischen Lebensstandard im Konzentrationslager. Im Vergleich zu männlichen Häftlingen in Lager waren die Frauen psychologisch und körperlich deutlich schwächer als Männer, sodass die Überlebensquote entsprechend niedriger als bei Männern war. In diesem Sinne eröffnete die Autorin eine neue Forschungsorientierung bei der Holocaustliteratur.

Die Autorin stellte zwei unvergessliche Frauenfiguren dar, sodass die Beschreibung zwar anscheinend keine hohen Wellen geworfen hat, stoßen die Leser jedoch einen Beigeschmack des Todes ab. Die Wahrnehmungsfähigkeit zum Leben ist von der Autorin neu zu definieren. Außerdem setzte die Autorin so ein, wie wenn sie selbst in einem Lager sei, sodass sie als Mithörerin durch eine auf fiktionaler Handlung basierte Erzähltechnik die Geschichte wiedergeben konnte.

---

[44] Ebd., S.72.
[45] Ebd., S.74.
[46] Ebd., S.76.

4. Iris Chang und ihr Werk „The rape of Nanking"

William C. Kirby[47] im Vorwort kommentierte das Nanking Massaker wie folgende:

„The rape of Nanking has largely been forgotten in the West, hence the importance of this book. In calling it a forgotten Holocaust. Ms. Chang draws connections between the slaughter in Europe and in Asia millions of innocents during the Second World War. To be sure, Japan and Nazi Germany would only later be allies, and not very good allies at that. But the events of Nanking- to which Hitler surely took no exception- would later make them moral co-conspirators, as violent aggressors, perpetrators of what would ultimately be called „crimes against humanity."[48]

Um das Nanking Massaker wieder in das Gedächtnis zu rufen, schrieb Iris Chang durch das von ihrer Opa und ihrem Omas auf dem Fluchtweg aus Nanking Erlebte dieses Werk. Als Kanadische Chinesin wuchs Chang von Geburt an in Kanada auf, ihre englischen Sprachkenntnisse galten in diesem Sinne als Vorzug, auf Englisch ihre Werke zu veröffentlichen. Während ihres Studiums wechselte sie von den Fächern Computer und Mathematik zu Medienwissenschaft. Nach dem Abschluss dichtete sie ihr primäres Werk Dr. Tsien Hsue-shen [4950] Danach konzentrierte sie sich auf das Thema „Japanische Gewalttätigkeiten während des Zweiten Weltkriegs in China.[51] Nach der Veröffentlichung geriet Chang wegen der Bedrohung von rechtseitigen Gruppen in heikler Situationen[5253] und führte zu psychologischen Krankheiten. Schließlich ergibt sich die Schlussfolgerung, dass das Thema vom Nanking Massaker eigentlich ein politisches Tabuthema ist, außerliterarische Komponenten werden immer das Werk selbst beeinflussen.

4.1 Inhalt und Gliederung des Werks

Die Gattung dieses Werks soll als typische Dokumentarliteratur definiert werden. Das Werk gliedert sich in drei Hauptteile und enthält insgesamt 230 rein inhaltliche Seiten. Und der erste Teil beinhaltet 86 Seiten davon.[54] Der erste Teil beschreibt, wie die japanischen Truppen nach Nanking einmarschierten und wie die Schlacht in Nanking geführt wurde. Das Unterkapitel 4 beschreibt den ausführlichen Verlauf des unmenschlichen sechswöchigen Massakers in

---

[47] William C. Kirby ist der Professor von der Universität Harvard, Institut Sinologie. Sein Forschungsschwerpunkt ist moderne chinesische Geschichte.
[48] Chang (1997).
[49] Der Titel des Buches heißt: *Thread of the Silkworm*.
[50] Siehe Link: http://www.irischang.net/about/
[51] Aus einer zufälligen Angelegenheit in Illinois in 1995 erfuhr Chang durch eine Bildausstellung zur Erzählung der japanischen Gewalttätigkeiten in Nanking 1937, dann wuchs das Interesse von Chang über das Thema.
[52] Andere Artikel weisen darauf hin, dass sie nach Erfolg beim Nanking Thema allmählich zu einem nützlichen „Vermögen" wird.
[53] Y. Hamamoto (2011)
[54] So sieht man die Wichtigkeit des ersten Teils, dass die Autorin viel Energieaufwand für die Beschreibung des Kriegsverlauf sowie Verlauf des Massakers und die Situation nach der Besatzung der Stadt genutzt hat.

Nanking. Besonders wichtig in diesem Teil ist das Unterkapitel 5 „*The Nanking Safety Zone*" und die Vorstellung des fremdem deutschen Heldes John Rabe, dem sogenannten „Schindler in Asien".[55]

Die Autorin verfasst im zweiten Teil die internationalen Ansichten über das Nanking Massaker und die Lebenssituation nach dem sechswöchigen Massaker. Im 3. Unterkapitel schilderte die Autorin, wie die japanischen Verbrecher nach dem Ende des Zweiten Kriegs verurteilt worden waren.[56] Im 4. Unterkapitel des zweiten Teils konzentriert sich die Autorin auf das Schicksal der Überlebenden. Im 1. Unterkapitel des dritten Teils definiert die Autorin das vergessene Nanking Massaker als „*A Second Rape*". In diesem Unterkapitel argumentiert sie über das Verneinungsverhalten der japanischen Gesellschaft.[57]

Die Autorin geht von verschiedenen Ansichten aus, die Holocaustliteratur darzustellen, wie z.B. aus der am Massaker beteiligten japanischen Soldaten oder aus der von japanischen Truppen nach Nanking einmarschierten Militärjournalisten. Außerdem recherchiert die Autorin Tagebücher der westlichen Missionare und Geschäftsmänner, um mit einer plausiblen geschichtlichen Aussage die Leser über die Fakten zu überzeugen.

Im Vergleich zu Nałkowskas Werk, legt Chang großen Wert auf das Interview mit einem japanischen Militärjournalist, der die damalige Schlacht in Nanking und den Verlauf des Massakers erlebt hatte. Trotz der Bedrohung von rechtsgerichteten Kreisen schwieg der Journalist nicht mehr, er erzählte Details des Massakers sowie über ausgeübte Vergewaltigungen an Frauen:

On Hsiakwan wharves, there was the dark silhouette of a mountain made of dead bodies. About 50 to 100 people were toiling there, dragging bodies from the mountain of corpses and throwing them into the Yangtze River. The bodies dripped blood, some of them still alive and moaning weakly, their limbs twitching. [...] A Japanese officer at the scene estimated that 20,000 persons had been executed.[58]

At first we used some kinky words like *Pikankan*. *Pi* means "hip", *Kankan* means "look". *Pikankan* means, "Let's see woman open up her legs." Chinese women didn't wear underpants. Instead, they wore trousers tied with a string. There was no belt. As we pulled the string, the buttocks were exposed. [...] After a while we would say something like, "It's my day to take a bath," and we took turns raping them. It would be all right if we only raped them. I shouldn't say all right. But we always stabbed and killed them. Because dead bodies don't talk.[59]

---

[55] Das 4. sowie 5. Unterkapitel des ersten Teils gehören zum Kerninhalt der Holocaust Literatur.
[56] Im Vergleich zu den Nürnberger Prozessen wurden die Kriegsverbrecher sowie Haupttäter des Nanking Massakers Hisao Tani zum Tode verurteilt.
[57] Bei der Neigung zum Verneinungsverhalten ging die Autorin von Auseinandersetzung der japanischen historischen Lehrbüchern, akademischen Aufdeckungen, selbstgesetzter Zensur und Debatten über das Nanking Massaker aus.
[58] Chang (1997), S.47 f.
[59] Ebd., S.48.

Laut des Tagebuches von John Rabe und Daten von Changs Werk sowie anderen wissenschaftlichen Recherchen des Nanking Massakers sind 300,000 Zivilisten, davon 20,000 Frauen, von japanischen Soldaten getötet oder vergewaltigt worden.[60]

Wenn man einen Rückblick auf Nałkowskas Werk wirft, ist die Handlung des Werks selbst sogar fiktional entworfen worden ist. Das Ziel Nałkowskas liegt darin, dass sie die Leser durch fiktionale Handlungen sowie Schweigen der Hauptfiguren im Roman durch einen einzigartigen Schreibstil teilhaben lassen möchte und somit Resonanz zum Mitleid der Opfer erzielt. Im Vergleich zu Changs Werk will die Autorin selbstverständlich durch Dokumentarliteratur eine fixierende Figur der japanischen Soldaten mithilfe der sensationellen Totenzahlen und Details über den Verlauf des Massakers darstellen. Hinsichtlich des Schreibstils würde man so vermuten, dass die Leser selbst keine Resonanz bekommen statt nur schockiert über die Gewalttätigkeiten zurückgelassen zu werden. Was in der Erinnerungen der Leser verbleibt, wären nur Einzelheiten über die schockierenden Zahlen und grausame Bilder.

4.2 Bedeutung des Werks und dessen nachträglichen Einfluss

Ein wichtiges grundlegendes Problem besteht darin, dass die nicht asiatischen Leser mit ihren kognitiven Erkenntnissen kaum über das Nanking Massaker erfahren. Changs Werk sei das erste holocaustliterarische Werk, welches zunächst 1997 schon im Westen erschienen ist. Dieses Werk zählt zwar nicht zu einer wissenschaftlichen Arbeit zur Recherche des Nanking-Massakers[61], aber das Werk selbst dient den westlichen Lesern als Zugang zur Erkennung eines vergessenen Massakers in Fernost an. Als die Volksrepublik China in Betracht auf der diplomatischen Beziehung und zur Anerkennung der neu entstandenen kommunistischen Macht nach 1949 zog, schwiegen die Chinesen, insbesondere die Überlebenden des Nanking-Massakers aufgrund der Anpassung zur staatlichen Ideologie. [62][63] Während das Werk spektakulär nach der ersten Auflage in den USA erschien, schenkte die chinesische Regierung seit den 80er Jahren des letzten Jahrhunderts wegen der Verschlechterung der bilateralen Beziehung mit Japan dem bisherigen Tabuthema wieder Betrachtung und sublimierte somit diesbezüglich zu einem aussagevollen politischen Mittel, damit China den japanischen Einfluss

---

[60] Siehe Link: http://www.cnd.org/njmassacre/
[61] Die Autorin schildert keine Auseinandersetzung über die Totenzahl des Massakers, sondern sie nahm die 300,000 Toten an. Manche Leser finden, dass die Erzählung zwar schon eloquent dargestellt worden ist, aber die Totenzahl noch nicht plausibel ist.
[62] Ebd., S.211ff.
[63] Als Beispiel nennt die Autorin die Bundesrepublik Deutschland und dass die BRD Regierung nach dem zweiten Weltkrieg 88 Billionen Deutsche Mark Reparation an Israel zahlte. Im Gegensatz dazu verzichtete die Volksrepublik China auf den Reparationsanspruch an Japan.

bei regionalen sowie internationalen Wettbewerben zu verhindern ermöglichte. Die mit dem Nanking Massaker in Wechselbeziehung stehenden politischen sowie historischen Themen sind ununterbrochen von der chinesischen Regierung hervorzuheben. Die chinesische Regierung beharrt auf der Neigung zu japanischem Geschichtsrevisionismus und Problem des Yasukuni-Schreins. Beide führten heikle politische Auseinandersetzungen bei bilateralen Beziehungen herbei.[64]

4.3 Diskussion zum Ursprung und Zustand der Debatte über das Nanking Massaker

Um Zuneigung der Konservativen und Nationalisten in Japan zu einer üblichen Tendenz zu erläutern, muss man einen Schritt zurück zu den Tokioter Prozessen gehen. Es gab eine Sonderreglung bei japanischen Kriegsverbrechern des Zweiten Weltkriegs, wonach die Kriegsverbrecher mit Abstammung der Kaiserfamilie nicht in Tokioter Prozessen rechtlich belangt wurden, z.B. Asaka Yasuhiko, der total von Kriegsschuldenzuweisung befreit worden war.[65] Infolge der japanischen Demokratisierung war Tennō in der Nachkriegszeit nicht mehr an der Macht, aber der Militarismus sowie der aus der Kaiserfamilie stammende, politische Nachwuchs drang in moderner japanischen Politik durch. Darüber hinaus kann man gut erläutern, wieso die ausländischen Filme sowie literarischen Werke über Gewalttätigkeiten der japanischen Truppen während des Zweiten Weltkriegs stark von Mainstream-Medien in Japan zurückgewiesen wurden.

Die Veröffentlichung von „*Rape of Nanking*" verursachte heftige Debatten über die Echtheit des Nanking Massakers, als Nobukatsu Fujioka[66] „*Rape of Nanking*" folgendes kommentierte:

"Many translated books are published in Japan, but Iris Chang's The Rape of Nanking is not published because it has so many mistakes that no publisher could handle it. The photos are all false, and not a single picture was evidence of the Nanking Massacre. Not only that, her description about Japanese history is filled with absurd mistakes. [...] More than 100 such rudimentary mistakes were found in the book, and even if the book were to be published in Japan, no Japanese person could bear reading it. A left-wing publishing company tried to publish it

---

[64] Da die hochrangigen japanischen Politiker sowie Premierminister mehrmals den Yasukuni-Schrein verehrt haben, auch wenn darin viele Ahnentafeln der von Tokioter Prozesse zum Tode verurteilten Kriegsverbrechern liegen, stehen die verehrten japanischen Politiker meistens im Verdacht zur Beschönigung des Kriegs und Protestbewegungen von China, Südkorea, Vietnam.

[65] Prinz Asaka spielte als Kommandeur der Truppen, die im Dezember 1937 Nanking eroberten, eine führende Rolle beim Nanking Massaker.

[66] Nobukatsu Fujioka ist Professor an der Universität Takushoku, Tokio. Sein Forschungsschwerpunkt ist die „positive" Ansicht zur japanischen Geschichte während des Zweiten Kriegs. Er wurde auch als Konservativer und Nationalist betrachtet. Seine Veröffentlichungen über das Nanking Massaker verursachten die Proteste damals in China.

annotating notes of the translator, but she refused it, saying, 'How impertinent!' Sad to say, the Americans trust such a book and are making a movie based on it."[67]

Die Debatten über das Nanking Massaker gelten nicht mehr als ein reines wissenschaftliches Thema, sondern eine Zuneigung zu politischer Korrektheit, welche auf eine nationale Ebene steigt, da manche japanischen Wissenschaftler daran glauben, dass das Thema über das Nanking Massaker lediglich als eine nationale Propaganda von chinesischer Seite ausgenutzt worden ist. Die japanischen Nationalisten und Konservativen beeinflussen manchmal auch die Orientierungsrichtung der öffentlichen Meinung. Wenn man die Aussage von Fujioka liest, drängt sich der Eindruck auf, dass der Professor Fujioka eher unwissenschaftlich und somit in Verdacht zur „Absolutheit" gestanden ist. Darüber hinaus definierte der Professor Fujioka „Rape of Nanking" als einen fiktionalen Roman und führte die unlizenzierte Veröffentlichung auf die Autorin selbst zurück.

Japanischer Schulbuchstreit übers Nanking Massaker ist heutzutage noch eine Kontroverse.[68][69]

Für Publikation entfernt

http://tangxinzi.blog.caixin.com/archives/64944

---

[67] Kubo (2003).
[68] Leider scheint das Problem der Schulbücher auch im 21. Jahrhundert nicht gelöst zu sein. Die Schulbücher werden zuerst ein wenig liberaler, danach werden sie wegen Protesten innerhalb Japans wieder konservativer, schließlich werden sie nach den Protesten seitens China und Südkorea wieder liberaler. So läuft es schon seit Jahrzehnten.
[69] Mog-Sidor (2006), S.84 ff.

Bild 1 (links): Die zum Thema Nanking Massaker in 98% der japanischen Schulen aufgenommene Darstellungsversion.

Bild 2 (rechts): Die zum Thema Nanking Massaker in 2% der japanischen Schulen aufgenommene Darstellungsversion. (Ausgabe von Konservativen) [70]

Bild 1 schilderte das Nanking Massaker folgendermaßen:

„ナンキン事件
ナンキンでは、日本軍は、ほりょにした兵士や、多くの住民の命をうばいました。このことは、国民には知らされませんでしたが、後に、世界各国から非難をうけました。" (Der Nanking Zwischenfall: In Nanking beraubten die japanischen Truppen viele chinesische Gefangene und Zivilisten. Diesbezüglich wurden die japanischen Völker nicht rechtzeitig informiert, später kam unter Beschuss der Welt.)

Bild 2 schildert folgendermaßen:

„そのとき、日本軍によって、中国の軍民に多数の死傷者が出た（南京事件）。なお、この事件の犠牲者数などの実態については資料の上疑問点も出され、さまざまな見解があり、今日でも論争が続いている。" (Zu dieser Zeit kamen viele chinesische Zivilisten ums Leben beim Nanking-Zwischenfall. Aber es sei darauf hingewiesen, dass über die tatsächliche Totenzahl der Opfer viele verschiedene Ansichten vorkommen, sodass dieser Zwischenfall bis heute noch eine Kontroverse ist.)

Die chinesische Regierung ist deutlich unzufrieden mit den obengenannten amphibischen Darstellungen bei japanischen Schulbüchern. Erstens geht es um die Benennung des Nanking Massakers (Nanking-Zwischenfall), zweitens geht es um Auslassung der Totenzahl, die führt zu Unklarheiten und für die neue japanische Generation zu einem richtigen Kognitiv.

5. Zusammenfassung

Wie Edward Young hingewiesen hat, beinhalte die Holocaustliteratur starken interdisziplinären Charakter. Der europäsche Forschungsstand bleibt bei Debatten der Erzählweise der Holocaustliteratur, ob die Holocaustliteratur nur ein System von Zeichen sei.[71] Mithilfe seiner Ansicht und Zugangspunkt könnte man in Verbindung mit dem Werk von Chang setzen, wenn der Autor zu viel Aufmerksamkeiten auf die Zeugenaussagen schenkt, werde es offenbar zu einer Form der Auseinandersetzung des Inhalt kommen. [72] Über die Problematik der Holocaustliteratur schildert Rosenfeld, dass für Holocaustdichter bei dem erstem Schritt die Verschiedenheit der Materialien zur Auswahl vornehmen soll.[73][74] Wenn man einen Rückblick

---

[70] Blog von Tang.
[71] Edward Young (1997), S.16 f.
[72] Vgl. Ebd., S.16.
[73] Rosenfeld (2000), S.29.
[74] Die Verschiedenheit der Materialien über Holocaustthema besteht darin, dass die Materialien aus von Überlebenden selbst oder von Autor selbst in Bezug auf andere Forschungsmaterialien stammen. Für Chang hat sie deutlich zwei Quellen der Materialien angenommen, wie man bei der Gliederung von ihrem Werk erwähnt hat, die Perspektiven von Japanern, Chinesen sind Scharfrichter und Überlebenden des Massakers, die stammen aus

auf Nałkowskas Werk wirft, setzt es eine vorausgesetzte Bedingung zu Holocaustliteratur über die bestimmte Zielgruppe der Juden voraus, dass es über die auf Holocaust bezogenen historischen Fakten selbst keine Fragen mehr gibt, aber bei manchen Einzelheiten bezweifelt Neander über die Seife aus Fett von Jude. [75][76] Außerdem beschränken sich die Auseinandersetzungen nur bei der Erzählweise. Wie Edward Young auch in seiner Aussage angedeutet hat, dass der Überlebende als literarischer Chronist und seine Erfahrung über Holocaust aus *post factum* existent sei, bestehe jedoch die Gefahr zur Eliminierung seines eigenen Ichs.[77]

Wenn man von der chinesischen Literatur über Kriegserfahrung während des Zweiten Weltkriegs ausgeht, ist es deutlich klar, dass die Dokumentarliteratur eine dominierte Rolle bei diesem Thema einnimmt. In China würde man diese Gattung so betrachten, dass ihre Literatur über Kriegserfahrungen lediglich die Grausamkeit und Gewalttätigkeit der japanischen Kriegsverbrecher beschreiben dürfte. Die Hermeneutik spielt bei dieser Gattung keine Rolle, da die Chinesen durch die Schulausbildung überbetonenden Eindruck von bösen Japanern beeinflusst worden sind, sodass die Anpassungsfähigkeit der chinesischen Gesellschaft zu dieser Gattung eher auf einem niedrigen Niveau bleibt und sie somit nach keiner neuen Gattung verlangen möchte. Fast jede neue entstandene Ansicht zur Beurteilung der japanischen Besatzung in China befindet sich in schmerzlichen Dilemma, wie z.B. der Film *City of Life and Death/ Nanking! Nanking! (2009)*[78]. Das Ziel der chinesischen Holocaustliteratur sollte darin bestehen, dass man die elende Geschichte nicht vergisst und die japanischen Politiker zu einem richtigen Verhalten zu dieser Geschichte auffordert. Wenn man übertriebene Aufmerksamkeit zum Vorwurf der normalen japanischen Völker auf einer nationalistischen Ebene schenkt, ist dies unnötig und unwissend. Daher sollten die chinesischen Autoren in der Zukunft diese Gattung und assoziierende Themen möglichweise vermeiden, die chinesischen Leser zum Hass und Missverständnis zu verführen. Changs Werk ist zwar ein sehr gutes Werk zum Basiswissen

---

Interviews und zählen zu Kriegserfahrung der Erlebenden. Die Materialien der Tagesbücher sowie Berichte von westlichen Helden in Nanking Safety Zone zählen zu festigen Erzählung von Erlebenden. Es ist ein bisschen Schade, dass Chang die zwei Hauptquellen nicht miteinander verglichen hat, dazu hat sie selbstverständlich die Verschiedenheit vernachlässigt.

[75] Neander (2006), S. 63 ff.
[76] Der Autor hat die Ansicht, dass die historischen Fakten über Seife aus Fett der Juden nicht bewiesen werden kann somit nicht existent sind, er bezweifelt, dass Nałkowska zu viele Implikationen von kommunistischer Ideologie hat.
[77] Vgl. Ebd., S.27.
[78] Der Film behandelt das Massaker von Nanking und die Situation in Nanking Safety Zone. Die feige Figur von John Rabe und die Beschreibung eines menschlichen, liebvollen christlichen japanischen Soldat verursacht dieser Film in China auch große Kontroverse. Viele chinesische Zuschauer werfen dem Regisseur Lu Chuan vor, dass sie eigentlich nie annehmen könnten, japanische Soldaten als Menschen beschreiben zu dürfen.

vom Nanking Massaker, aber man muss betonen, dass sie in diesem Werk zu viele eigene Emotionen zugefügt hat.

Die polnische Holocaustliteratur ist meistens fiktional gedichtet worden und basiert auf entweder den eigenen Erlebnissen der Autoren oder eigenen Erfahrungen. Es ist überhaupt nicht nötig, die historischen Ereignisse hervorzuheben, sodass die Autoren normalerweise viel Spielraum zur Auswahl der Gattung haben und sie somit sie immer neue Ansichten und interessante Perspektive zu gleichem Ereignis darstellen können. Diesbezüglich sollten die europäschen Leser der Liquidierung von Nationalsozialisten und Selbstbetrachtungsverhalten von deutscher Regierung gegenüber dem Zweiten Weltkrieg danken, sodass seit langem über historische Fakten der Holocaust während des Zweiten Weltkriegs zur Übereinstimmung entstanden ist.

6. Literaturverzeichnis

Monographien:

Alexander, Manfred (2003): Kleine Geschichte Polens. Stuttgart.

Bereska, Henryk (1956): Medaillons (Übersetzungsausgabe zu Nałkowskas „*Medaliony*"). Ostberlin

Chang, Iris (1997): The rape of Nanking- the Forgotten Holocaust of World War II. New York.

Edward Young, James (1997): Beschreiben des Holocaust, Darstellung und Folgen der Interpretation. Frankfurt am Main.

Karolina, Mog-Sidor (2006): Japans Umgang mit der eigenen Geschichte: Der Nanjing-Zwischenfall. Dissertation. Berlin. Online unter: https://www.google.de/?gfe_rd=ssl&ei=RokzV-

XqKYfAaPy0vcgC#q=Japans+Umgang+mit+der+eigenen+Geschichte:+Der+Nanjing-+Zwischenfall. (abgerufen am 22.05.2016).

Rosenfeld, Alvin (2000): Ein Mund voll Schweigen. Literarische Reaktionen auf den Holocaust. Göttingen.

Sammelbände:

Hartmann, Christian; Zarusky, Jürgen: Stalins "Fackelmänner-Befehl" vom November 1941. Ein verfälschtes Dokument. In: Vierteljahrshefte für Zeitgeschichte, 48. Jahrg., 4. H. (2000), S. 667-674.

Ho, Ping Ti: Studies on the Population of China, 1368-1953. In: Comparative Studies in Society and History Vol. 5, No. 1 (1962), S.112-114.

M. Gorden, David: The China-Japan War, 1931-1945. In: The Journal of Military History, Vol. 70, No. 1 (2006), S. 137-182.

Neander, Joachim: The Danzig Soap Case: Facts and Legends around "Professor Spanner" and the Danzig Anatomic Institute 1944-1945. In: German Studies Review, Vol. 29, No. 1 (2006), S. 63-86.

Neander, Joachim; Szatko, Marzena Dabrowa: Auschwitz und die Deutschen im Spiegel polnischer Schullektüren. In: German Studies Review, Vol. 27, No. 1 (2004), S. 103-112.

Pohl, Dieter: Polen und Juden unter deutscher Besatzung 1939-1945: Zu einigen Neuerscheinungen. In: Jahrbücher für Geschichte Osteuropas, Neue Folge, Bd. 38, H. 2 (1990), S. 255-260.

Slutsch, Sergej: 17. September 1939: Der Eintritt Der Sowjetunion in den zweiten Weltkrieg: eine historische und völkerrechtliche Bewertung. In: Vierteljahrshefte für Zeitgeschichte, 48. Jahrg., 2. H. (2000), S.219-254.

Zarusky, Jürgen: Debatten um den Hitler-Stalin-Pakt: Eine Moskauer Konferenz und ihr Umfeld. In: Vierteljahrshefte für Zeitgeschichte, 53. Jahrg., H. 2 (2005), S. 331-342.

Internetquellen:

Y. Hamamoto, Darell (2011): Suicide or Political Persecution? The Mysterious Deaths of Ernest Hemingway and Iris Chang. Online unter: http://www.globalresearch.ca/suicide-orpolitical-persecution-the-mysterious-deaths-of-ernest-hemingway-and-iris-chang/25854 (abgerufen am 24.05.2016).

Kubo, Arimasa (2003): The So-Called Nanking Massacre was a Fabrication The Japanese Military in Nanking (Nanjing) was Humane. Online unter: http://fourth-reich666.angelfire.com/pdf/debunking_nanking.pdf?qqdrsign=03de8 (abgerufen am 26.05.2016).

Tianzi, Tang (2013): Entscheidungsprozedur der japanischen Schulbücher und historische Darstellungen von verschiedenen Verlage. Online unter: http://tangxinzi.blog.caixin.com/archives/64944

http://www.cnd.org/njmassacre/ (abgerufen am 22.05.2016).

http://www.irischang.net/about/ (abgerufen am 23.05.2016).

Rauschenberger, Edina (2011,09.Dezember): Die Einsamkeit der Opfer. Methodische, ethische und politische Aspekte der Zählung der Menschenverluste des Zweiten Weltkriegs. Budapest. [Eigener Tagungsbericht]. Online unter: http://www.hsozkult.de/conferencereport/id/tagungsberichte-4252 (abgerufen am 18.05.2016).

http://www.feldgrau.com/articles.php?ID=11 (abgerufen am 18.05.2016).